# Ursula Geck

## Mystische Meditationen

# Mystische Meditationen

## Ursula Geck

Originalausgabe

Veröffentlicht bei epubli

Copyright © 2019 by Ursula Geck

Das Werk ist urheberrechtlich geschützt, Sämtliche, auch auszugsweise Verwertungen bleiben vorbehalten

Coverfoto: pixabay

Umschlaggestaltung: Ursula Geck

hörst du das sanfte Klingen der Bronzebecken
sie entführen dich in eine fremde Welt
voller Liebe
voller Harmonie
nirgendwo Streit
nirgendwo Krieg
dem Himmel ähnlich
lass den Klang in dich hinein

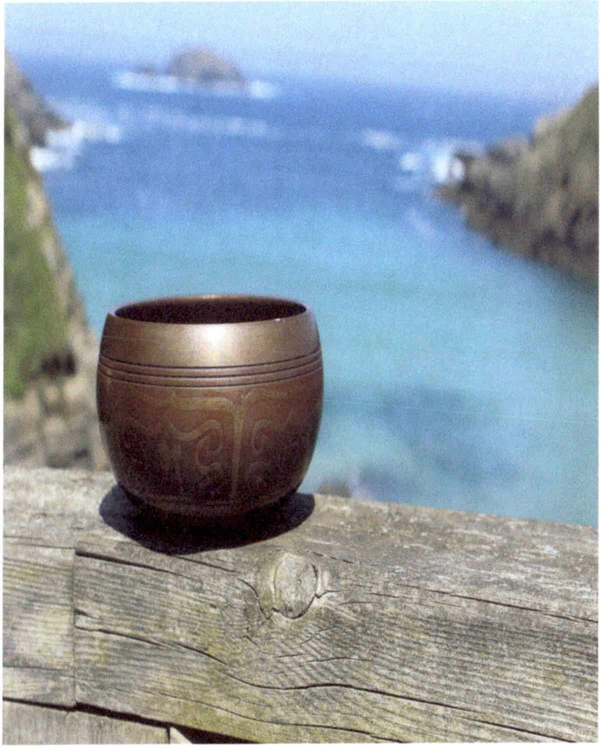

die Tiefe in dir
das dunkle geborgene Schwarz in den tiefsten Tiefen deiner Seele
Ruhe
Geborgenheit
hier wohnt Gott

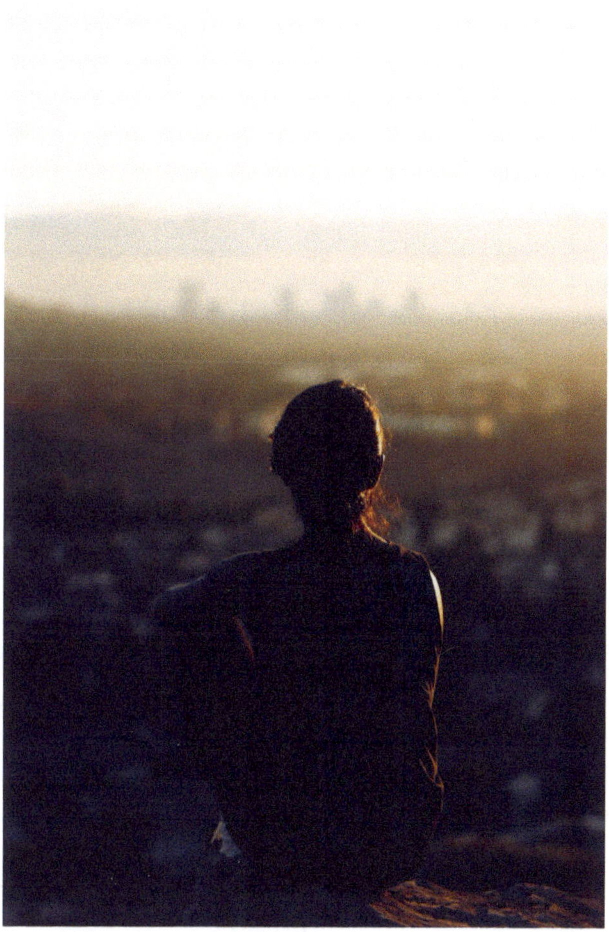

konzentriere dich auf deine Mitte
dort wo die Gefühle wohnen
spürst du die Wärme
spürst du den Frieden
spürst du die Harmonie

Okan Caliskan

Gott nahe sein
seine Liebe spüren
er hat die Welt erschaffen
er ist groß und mächtig
und kennt dich
er kennt jeden deiner Gedanken
er liebt dich
wie ein Vater

Markus Baumeler

da wo Menschen sich verstehen
da wo Liebe ist
da wo Harmonie ist
dort spürst du den Himmel

Michal Jarmoluk

wenn schon im Kleinen oft Streit und Krieg herrschen
wen wundern dann die großen Kriege
das Fremde akteptieren
sich nicht abschrecken lassen von der Andersartigkeit

Falco

Einssein mit der Natur
ihr Fließen spüren
alles ist im Fluss
aufs Paradies hin

Alex Hu

die Natur ist stärker als der Mensch
sie ist Gottes Schöpfung
sie wird es noch geben
wenn der Mensch auf der Erde nicht mehr leben
kann

LUM3N

das Klingen der Glocken
Sonntagsstimmung
der Himmel in tiefem Blau
du spürst Gott in der Natur

Karl Egger

dich verbunden fühlen
mit dem Leben
mit der Natur
ihr Wachsen spüren
Einssein

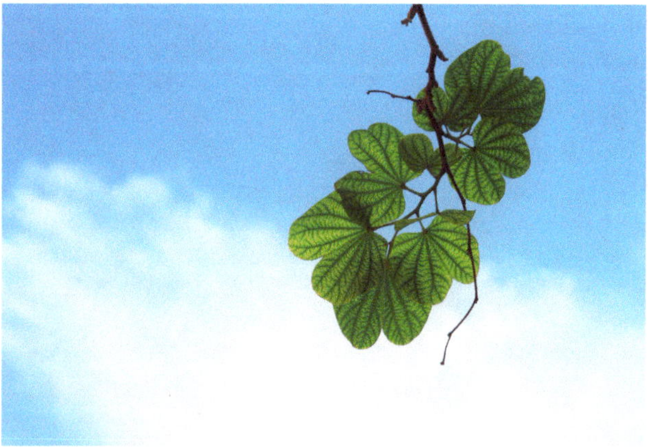

die Engel sind bei Dir
sie behüten dich
sie begleiten dich
sie sind Boten Gottes

Jan Alexander

die Mystikerinnen
Edith Stein
das Tiefe in dir spüren
in den tiefsten Tiefen deiner
zur Ruhe gekommen Seele
wohnt Gott

HIER BETETE
31.12.1938
EDITH STEIN
JG. 1891
1933-1938 IM KARMEL KÖLN
FLUCHT 31.12.1938
1938-1942 IM KARMEL ECHT
INTERNIERT WESTERBORK
ERMORDET 9.8.1942
AUSCHWITZ

Bernahrd Riedel

das Paradies
Löwe und Lamm zusammen
unter einem Baum
dort gibt es kein Fressen und Gefressen werden
dort gibt es kein Recht des Stärkeren
vollkommene Liebe
vollkommenes Glück
vollkommene Geborgenheit

Jeff Jacobs

das Meer
weiter Spiegel
Sehnsucht
es ist die Sehnsucht nach dem Paradies
der Mensch hat immer Sehnsucht
genieße sie
du suchst das Paradies

der Heilige Geist
ist die Liebe
die Gott und Jesus verbindet
wo immer Liebe ist
dort ist der Heilige Geist

Andreas Lischka

der Morgen ist jung
die Schöpfung neu erwacht
saug die frische Sommerluft ein
genieße das Erwachen

Lubos Houska

Mahatma Ghandi
Widerstand ohne Gewalt
auch der Frieden führt zum Erfolg
man muss nur beharrlich sein

Dimitiris Vetsikas

die Liebe wird gewinnen
über die Streitereien
über die Kriege
die Liebe ist größer als der Hass
irgendwann wird die Liebe gewinnen

skeeze

lass dich fallen
in die Tiefe der Schöpfung
in die Liebe Gottes
in das ganze Universum
du bist ein Teil davon
du gehörst dazu

Ponciano

da wo Menschen singen
da wo Mensche es gut meinen
da wo der eine dem anderen hilft
dort hat das Reich Gottes begonnen
dort ist schon ein Stück vom Himmel

Jo B

spüre das Pulsieren der Natur
spüre ihren Rhythmus
lass dich fallen in die Schöpfung
dann bist du dem Himmel nah

Sasin Tipchai

sei dankbar für das Dach über deinem Kopf
sei dankbar für das Essen auf deinem Teller
genieße jeden Tag neu

Sri Harhsa Gera

von Tag zu Tag leben
im Augenblick
was nützen die Sorgen
was nützt der Blick in die Zukunft
es kommt doch anders

Andrew yuan

sei zufrieden
du hast genug zu essen
du hast genug zu trinken
es herrscht Frieden

Jerzy Goretcki

Gold
Weiß
himmlische Farben
Helligkeit
im Himmel ist es hell
geborgen
voller Liebe
hier bist du ganz aufgehoben

Pexels

tiefes Meer
blauer Spiegel
blick auf das Meer und genieße die Sehnsucht und
die Ruhe

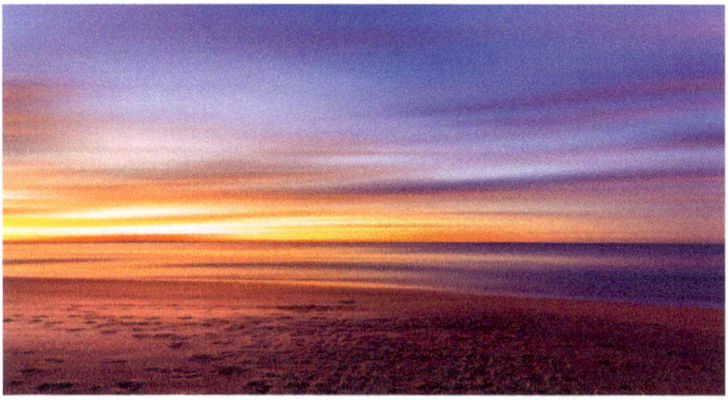

genieße den Tag
lebe im Augenblick
Tag für Tag
mach dir keine Sorgen
es kommt alles wie es kommt

RitaE

hetz dich nicht
lass dir Zeit
nimm sie dir
in der Ruhe liegt die Kraft

James DeMers

die Liebe wird siegen
sie ist stärker als der Hass
auch wenn es oft anders aussieht
aber sie hat den längeren Atem

Jil Martinez

Bäume
tief verwurzelt in der Erde
ihre Blätter klingen im Wind
sie tanzen im Licht
sei verwurzelt in der Natur wie ein Baum

Larissa Koshkina

der Baum
deiner Kindheit
du hast ihn geliebt
eine Pappel
ihre Blätter leuchteten im Licht
er rauschte
er begrüßte dich jeden Morgen

Hans Braxmeier

mit der Natur und den Tieren einssein
ihre Nähe spüren
die Schöpfung genießen
alles hängt zusammen
die ganze Schöpfung wird erlöst, ist erlöst
im Himmel gibt es keine Zeit

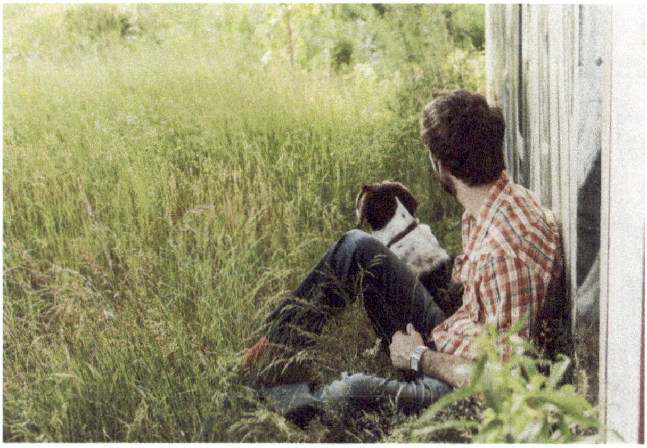

das Wasser spüren
warm
weich
hell
genieße das Element

lpittman

hab Vertrauen
mach dich nicht verrückt
Gott passt auf dich auf
fühl dich aufgehoben

Lisa Caroselli

Gemeinschaft im Gebet spüren
Taizegebete
Frieden
Liebe
Ruhe
Musik

Gerd Altmann

riechst du, wie die Erde duftet
fette, schwarze, lockere Muttererde
ein Geschnk Gottes
sei achtsam mit der Natur

meineerstrampe

Partnerschaft
Zweisamkeit
 vollkomene Einheit suchen
ganz erreichst du sie nie
aber es ist dieSehnsucht des Menschen
eins zu werden mit dem Partner

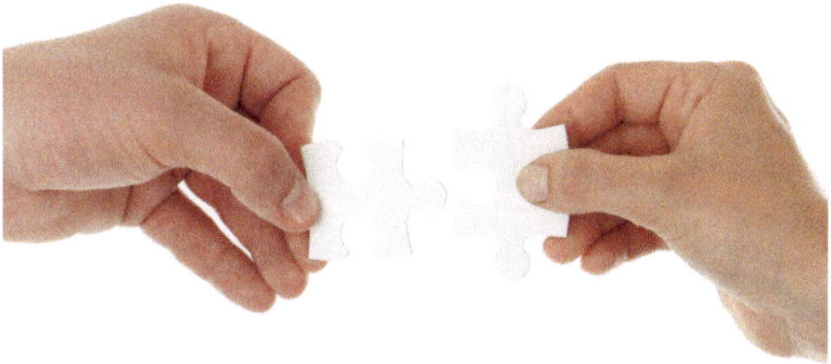

mit Allem verbunden sein
mit der Schöpfung
mit den Menschen
du bist ein Teil der Schöpfung
du gehörst dazu

O12

ein Lächeln
einem wildfremden Menschen
entgegengebracht
reicht oft schon aus
um die Welt ein klein wenig liebevoller zu machen
und der Tag ist gerettet

Kiran Hania

bringe Frieden in die Welt
bringe Liebe in die Welt
bringe Gesundheit in die Welt
liebe die Menschen

Foundry Co

vertraue auf Gott
er ist stark
er ist mächtig
er ist das Zentrum von Allem

Gerd Altmann

die Liebe ist das Schönste
was es gibt
sie ist hellt
sie ist warm
sie macht alles schön

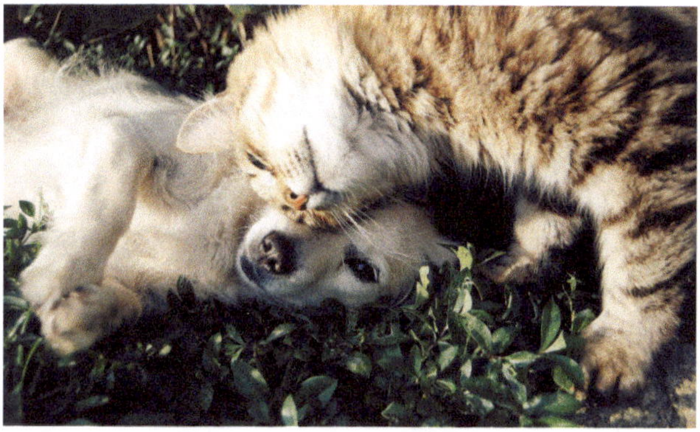

zusammen lachen
zusammen singen
zusammen fröhlich sein
die Gemeischaft spüren
fühl dich aufgehoben

Henning Westerkamp

sich mit Menschen einig wissen
in der Liebe Gottes

Gerd Altmann

ISBN 978-3-7502-4771-0

www.epubli.de